КЛАСС!нс

Тамара Крюкова

ЧЕЛОВЕК НОВОГО ТИПА

Рассказы для детей

Книга для чтения с заданиями
для изучающих русский язык как иностранный

B1

РЯ
РУССКИЙ ЯЗЫК
КУРСЫ

МОСКВА
2015

УДК 811.161.1
ББК 81.2 Рус-96
К85

Адаптация текста, комментарий: *Еремина Н.А.*
Задания: *Старовойтова И.А.*

К85 **Крюкова, Тамара**
Человек нового типа. Рассказы для детей: Книга для чтения с заданиями / Тамара Крюкова. — М.: Русский язык. Курсы, 2015. — 80 с. (Серия «КЛАСС!ное чтение»)
ISBN 978-5-88337-422-6

В книге представлены рассказы для детей современной писательницы Тамары Крюковой. Это смешные рассказы о жизни и приключениях современных школьников. Добрый юмор очень понравится и детям, и взрослым.

Текст рассказов адаптирован (В1), сопровождается комментарием, заданиями на понимание прочитанного и на развитие речи. В книге приводятся наиболее интересные факты из жизни Тамары Крюковой.

УДК 811.161.1
ББК 81.2 Рус-96

В оформлении обложки использован рисунок Т.А. Ляхович

ISBN 978-5-88337-422-6 © Издательство «Русский язык». Курсы, адаптация текста, комментарий, задания, оформление, 2015

Содержание

Предисловие ... 4
Тамара Крюкова ... 5
Эпилог ... 9
Человек нового типа ... 11
Слава ... 20
Экстрасенс ... 29
«Собака Баскервилей» ... 39
Комментарий ... 49
Задания ... 51

Предисловие

Эта книга включена в серию «КЛАСС!ное чтение». В серию вошли произведения русских классиков, а также известных современных писателей. Тексты произведений адаптированы с расчётом на разные уровни обучения РКИ (А1, А2, В1, В2, С1).

В данном издании представлены рассказы для детей современной писательницы Тамары Крюковой.

Это смешные рассказы о жизни и приключениях современных школьников. Добрый юмор очень понравится и детям, и взрослым.

В книге приводятся наиболее интересные факты из жизни Тамары Крюковой. Текст рассказов адаптирован (В1). Перед текстом помещён список слов, значение которых можно проверить в словаре (если они вам незнакомы). После произведения дан комментарий (в тексте обозначен *), а также предлагаются вопросы и тестовые задания на понимание прочитанного, на развитие речи и задания, помогающие повторить грамматические формы, актуальные для данного уровня обучения.

Издание адресовано детям соотечественников, проживающим за рубежом, детям-билингвам, а также учащимся национальных школ.

Эта книга будет полезна всем, кто хочет совершенствовать свой русский язык.

Тамара Крюкова

Тамара Крюкова родилась в 1953 году в городе Владикавказ*. У неё было счастливое детство, все родные очень любили её. В три года дедушка научил её читать и писать. Больше всего ей нравились сказки Киплинга*. Под влиянием этих сказок взрослая Тамара Крюкова напишет свои замечательные «Сказки-почемучки».

В школе она училась на отлично и принимала участие во всех школьных мероприятиях. Полюбила писателей: Александра Дюма*, Майн Рида* и Жорж Санд*. С удовольствием читала романы этих авторов и сочиняла свои истории про дворцы, интриги придворных*, дуэли героев… В седьмом классе она прочитала роман Джека Лондона* «Мартин Иден»*. Он произвёл такое сильное впечатление на девочку, что надолго стал её любимой книгой.

После окончания школы Тамара Крюкова поступила на факультет иностранных языков в Северо-Осетинский государственный университет. Поэтому многие мировые бестселлеры она смогла прочитать значительно раньше, чем они были переведены на русский язык.

После окончания университета её направили работать переводчиком в Египет. Вернувшись из Египта, Тамара Крюкова вышла замуж и переехала в Москву, где преподавала английский язык в одном из столичных вузов. Затем вместе с мужем уехала в Южный Йемен. Там-то и начался её писательский путь. Она стала сочинять для своего сына, который остался в России, повесть-сказку и отправлять главы из неё в письмах. А потом узнала, что на чтение каждого письма собираются дети и взрослые и с удовольствием слушают каждую главу. За полгода из писем получилась книга «Тайна людей с двойными лицами», которая в 1989 году была напечатана.

Тамара Крюкова — автор более 50 книг для детей и юношества. Среди них книги для малышей, повести-сказки для детей младшего школьного возраста, фэнтези, фантастика и приключения для подростков, молодёжные романы.

Тамара Крюкова — член Союза писателей России с 1997 года. Она лауреат многих российских и международных конкурсов и премий. В том числе лауреат Международного театрального фестиваля «Счастливые дети» (2004), лауреат Премии Правительства Российской Федерации в области образования за 2008 год. С 2009 года Тамара Крюкова является членом Высшего Литературного Совета при Союзе писателей России.

По произведениям Тамары Крюковой сняты три художественных фильма: молодёжная романтическая история по повести «Костя + Ника», кинокомедия «Потапов, к доске!» и триллер «Ведьма».

Книги Тамары Крюковой переведены на немецкий, польский, словацкий, чешский, венгерский, болгарский, украинский, литовский, азербайджанский, армянский и киргизский языки.

Тамара Крюкова говорит о своём творчестве так: «Я пишу для детей, чтобы передать им ту доброту, любовь и улыбки, которыми меня щедро наградило моё детство. Я хочу, чтобы они полюбили этот мир так же, как люблю его я».

Если эти слова (в тексте они выделены) вам незнакомы, посмотрите их значение в словаре.

Бо́йкий

Крепы́ш

Попола́м

противополо́жноть

Сообрази́тельность

Тугоду́м

Шере́нга

Эпило́г

Эпилог

Если бы Женьку Москвичёва и Лёху Потапова сложить, а потом разделить *пополам*, то получилось бы два в меру толстых, в меру тонких, в меру тихих, в меру *бойких*, в меру слабых, в меру сильных, в общем, два обыкновенных средних ученика обыкновенной средней школы. Но каждый по отдельности они представляли собой полную *противоположность* друг другу.

На физкультуре высокий *крепыш* Лёха стоял во главе *шеренги*. Маленький, худой Женька был последним в ней. Физкультура была единственным предметом, с которым у него были проблемы. По всем остальным дисциплинам Женька был отличником.

Лёха был троечником, но не по всем предметам. Учитель физкультуры часто ставил ему пятёрки. Лёха был сильным, но не лез в драку. Он не любил просто так махать кулаками. Зато Женька не мог и минуты усидеть на одном месте и всё время с ним случались неприятности.

Лёха был *тугодумом*, однако Женькиной *сообразительности* хватало на двоих. Женька был самым «идейным» человеком в школе. Он читал всё подряд, и от этого в его голове всегда рождались идеи.

В общем, если бы Женьку Москвичёва и Лёху Потапова сложить, а потом разделить пополам... Но так как наука ещё не научилась делить мальчишек, Женька и Лёха были неразделимы.

Если эти слова (в тексте они выделены) вам незнакомы, посмотрите их значение в словаре.

Адмира́л

Ерунда́

Же́ртва
жест

Закоди́рованный

Истоще́ние

КРИТИ́ческий

Мгнове́нный
мсти́тельно

Орден
осе́чка

Разве́дчик
разочаро́ванно

Сосредото́читься

Тип
траги́ческий

Ужас
уси́дчивость
успоко́ить

Флот

Человек нового *типа*

Всё началось с того, что папа, придя с родительского собрания, строго сказал Лёхе:

— Не умеешь заниматься хорошо, занимайся много. Мне стыдно на собраниях сидеть.

— Вот Женя — отличник, а тебе только по улице бегать, — говорила мама.

Честно говоря, вначале Лёха думал, что родители поругают его немного после родительского собрания и на этом всё закончится. Учился он нормально: в четверти* ни одной двойки, все честно заработанные тройки, а по физкультуре даже пятёрка. Но папа сказал, что теперь Лёха будет выходить на улицу только после того, как выучит все уроки, и он занимался до позднего вечера.

«Вот заболею без воздуха, тогда ещё пожалеют, да поздно будет», — *мстительно* думал Лёха. Иногда он подходил к зеркалу и проверял, не показались ли признаки *истощения* на его лице, но к его большому сожалению, на круглом розовощёком лице не было и тени истощения.

В первый день Лёхиных занятий к нему забежал Женька.

— Не волнуйся, Лёха, что-нибудь придумаем, — *успокоил* он друга.

Лёха понимал, что они ничего не смогут придумать, но от поддержки ему всё-таки было легче.

А когда́ и Же́нька переста́л приходи́ть, Лёхе ста́ло совсе́м пло́хо. Наконе́ц, на шесто́й день, когда́ Лёха на́чал ду́мать, что неприя́тности мо́гут испо́ртить жизнь да́же о́чень си́льному челове́ку, Же́нька появи́лся.

— Ну что, у́чишься? — спроси́л он и усе́лся на дива́н.

— Да уж, не гуля́ю, как други́е, — сказа́л Лёха.

— Это я гуля́ю? Да зна́ешь, как я для тебя́ стара́юсь. Специа́льно статью́ нашёл. Вот, тут говори́тся, что ты сейча́с занима́ешься *ерундо́й*. — Же́нька показа́л листы́, вы́резанные из како́го-то журна́ла.

— Это про исто́рию, что ли? — Лёха посмотре́л на раскры́тый уче́бник.

— Про каку́ю исто́рию? Тут нау́кой дока́зывается, что от твоего́ сиде́ния за уро́ками никако́й по́льзы — оди́н то́лько вред! — сказа́л Же́нька.

— А то я без твое́й нау́ки не знал, что от э́того оди́н вред. То́же мне но́вость, — *разочаро́ванно* проговори́л Лёха.

— А вот и но́вость. Те́хника бы́строго чте́ния. Ты, наприме́р, зна́ешь, что чем челове́к быстре́е чита́ет, тем он бо́льше запомина́ет?

— Ну и что? — спроси́л Лёха.

— Как что? Это же про тебя́ ска́зано. Вот е́сли бы ты быстре́е уро́ки де́лал, то и учи́лся бы лу́чше. Ты ведь *же́ртва* со́бственной *уси́дчивости*, понима́ешь?

Же́нька был прав. Сам-то он уро́ки за полчаса́ де́лал и учи́лся то́лько на пятёрочки. А быть же́ртвой свое́й уси́дчивости да́же оби́днее, чем быть же́ртвой со́бственной ле́ни. Это Лёха по́нял сра́зу.

— Как же я уроки быстрее сделаю, когда домашних заданий так много?

— Спокойно. Я всё продумал. С сегодняшнего дня будем делать из тебя человека нового типа. **«Ультра Рапид»**, — заявил Женька.

— Чего, чего? — не понял Лёха.

— Сверхскорость значит. Через месяц ты отличником будешь.

— Да? — Лёха с недоверием посмотрел на журнальные листы.

— Сам увидишь. Будем заниматься по системе. Тут всё описано.

— А вдруг у меня не получится?

— Не волнуйся, главное начать. Бери учебник и запомни первое правило. — Женька вслух прочитал: — «Текст любой трудности читать только один раз».

— Почему? — спросил Лёха.

— Для скорости. Так что, даже если тебе очень захочется урок ещё раз прочитать, держись и второй раз не читай, а то ничего не получится.

С этим правилом у Лёхи было всё в порядке. Сколько он себя помнил, ему в жизни никогда не хотелось прочитать урок второй раз.

— Вот видишь, а ты боялся. Я же говорил, у тебя получится. Ты способный, — похвалил Лёху Женька.

Первая удача обрадовала Лёху, но со вторым правилом возникли сложности. Оказалось, что читать надо всю страницу сразу, сверху вниз. После Женькиных пояснений Лёха стал смотреть на середи́ну стро́чки и повёл глаза́ми вниз, но из э́того ничего́ не получи́лось.

— Как же я могу́ чита́ть, е́сли я ни нача́ла, ни конца́ стро́чки не ви́жу? — не понима́л Лёха.

— А боково́е зре́ние тебе́ для чего́? — спроси́л Же́нька.

— Како́е ещё боково́е зре́ние?

— Очень просто́е. Сиди́ так и не обора́чивайся. Говори́, что я сейча́с де́лаю? — Же́нька отбежа́л в сто́рону и на́чал маха́ть рука́ми.

— Ну, рука́ми ма́шешь.

— Как же ты ви́дишь, что я рука́ми машу́, е́сли ты на меня́ не смо́тришь? — Же́нька посмотре́л на Лёху так, как бу́дто тот его́ в чём-то обману́л, и продо́лжил: — Вот и со страни́цей так. Тебе́ то́лько ка́жется, что ты её не ви́дишь, ты всё ви́дишь, то́лько боковы́м зре́нием.

— Но ведь прочита́ть текст я не могу́. Я же ничего́ не по́нял, — сказа́л Лёха.

— Это потому́, что у тебя́ *закоди́рованная* страни́ца в мозг идёт. В журна́ле так и напи́сано. Снача́ла ничего́ не понима́ешь, зато́ пото́м поймёшь, — заяви́л Же́нька.

Когда́ Лёха по́нял, что обуче́ние идёт по пра́вилам, он немно́го успоко́ился, но всё-таки сомнева́лся.

— А вдруг я э́тот закоди́рованный текст пото́м не вспо́мню?

— Так ты для ве́рности его́ ещё взгля́дом сфотографи́руй, как *разве́дчики. Сосредото́чься* и смотри́ на него́ мину́ту, а я вре́мя заме́чу, — предложи́л Же́нька.

— Скажешь тоже, минуту. Я и так на него уж сколько смотрел, — недоверчиво проговорил Лёха.

— Так это ты просто так глядел, а ты смотри сосредоточенно!

Лёха широко открыл глаза и стал смотреть на страницу учебника.

— Сфотографировал? — через минуту спросил Женька.

— По-моему, не очень.

— Ничего, это *мгновенное* забывание. Про него тут тоже написано. Главное, не волнуйся. В *критический* момент у тебя всё в памяти всплывёт и без всяких усилий вспомнится, — пообещал Женька.

— Ты думаешь? — с сомнением спросил Лёха.

— Это не я думаю. Это передовая научная мысль. Всё на благо человека. — Женька важно похлопал по журнальным листам.

С этого дня Лёха впервые почувствовал, что наука работает на его благо. Теперь он не делал уроки, как раньше. Он просматривал параграф сверху вниз и для верности фотографировал взглядом текст. После этого он был свободен, а вечером честно докладывал родителям, что уроки сделаны. Целые две недели он с удовольствием занимался наукой, пока однажды наступил критический момент.

Когда на уроке истории он услышал свою фамилию, то по старой привычке занервничал, но Женька *ободряюще* посмотрел на него, и Лёха успокоился. Он медленно вышел из-за парты и очень медленно пошёл к доске, чтобы вспомнить домашнее задание, но, к своему ужасу, понял, что ничего в его голове не всплывает.

— Что же ты молчишь, Потапов? — спросила Нина Петровна.

— Это он сосредотачивается, — сказал Женька.

Лёха с благодарностью посмотрел на друга. Тот *жестами* показывал: давай, давай. А чего там показывать? Лёха и сам с удовольствием ответил бы, если бы он знал, что отвечать. Урок не вспоминался. Когда Лёха понял, что ждать ему придётся слишком долго, пока всё всплывёт в памяти, он мысленно стал говорить: «Это критический момент. Момент критический». Но и это не помогло.

— Так, значит, урока ты сегодня не знаешь, — сказала Нина Петровна.

И Лёха понял, что это последний шанс что-нибудь ответить. И он ответил.

— Я учил, — сказал Лёха таким *трагическим* голосом, что Нина Петровна решила ему помочь и задала наводящие вопросы.

— Ну, хорошо, — сказала она. — Кто командовал русским *флотом* во время русско-турецкой войны*?

И тут Лёха вспомнил. Перед его мысленным взором всплыла картинка из учебника, на которой был изображён портрет *адмирала с орденами*. Лёха так хорошо представил себе эту страницу с портретом в верхнем левом углу, как будто видел перед собой фотографию. Но весь ужас был в том, что на подпись под фотографией памяти уже не хватило. Она так расплывалась, что прочитать её было невозможно.

Лёха посмотрел на Женьку и сделал страшные глаза. Женька понял, что в их системе обучения произошла *осечка*. Надо было срочно помочь другу, и он показал на свои уши.

Лёха обрадовался. Ну, конечно, теперь он и сам вспомнил, что фамилия этого адмирала была похожа на слово уши. Он ещё давно хотел ему для наглядности уши пририсовать, но не успел, потому что времени на то, чтобы заниматься долго уроками, у него не было.

Лёха быстро назвал первую фамилию, которая безо всяких усилий всплыла в его памяти.

— Адмирал Ушинский.

— Кто-кто? — переспросила Нина Петровна таким тоном, что Лёха сразу понял, всплыло что-то не то. Он с ужасом взглянул на Женьку ещё раз. Тот с такой силой бил себя по ушам, как будто хотел, чтобы они совсем отпали.

— Пьер Безухов*, — сказал Лёха.

Что тут началось! Класс громко смеялся. Все смеялись так, как будто им показывали три кинокомедии сразу. И что обиднее всего, вместе со всеми смеялся Женька.

Конечно, Лёха вспомнил, что Пьера Безухова он в кино про «Войну и мир» видел, и тот не только не был адмиралом, но вообще не воевал. Только теперь это было уже не важно.

Вернувшись на своё место, Лёха открыл учебник. С верхнего левого угла страницы на него глядел портрет адмирала с орденами, под которым было написано «Ф.Ф. Ушаков*».

На э́том Лёхины бе́ды не ко́нчились. В крити́ческий моме́нт на уро́ке литерату́ры он вспо́мнил пе́рвую стро́чку стихотворе́ния, а на уро́ке ру́сского языка́ ра́мочку, кото́рой бы́ло обведено́ за́данное на́ дом пра́вило.

По доро́ге домо́й Же́нька успока́ивал дру́га:

— Это оттого́, что ты недоста́точно тренирова́лся. Вот позанима́ешься по систе́ме ещё неде́ли две, и всё тогда́ вспомина́ть бу́дешь.

Но занима́ться по систе́ме Лёхе не да́ли. Тепе́рь ка́ждый день по́сле рабо́ты па́па не то́лько спра́шивал: «Уро́ки вы́учил?», а проверя́л, как он их вы́учил. А жаль. Ведь ещё немно́го, и Лёха мог бы стать челове́ком но́вого ти́па.

Если эти слова (в тексте они выделены) вам незнакомы, посмотрите их значение в словаре.

Афори́зм

Безразли́чно
болту́н
бормота́ть

Воображе́ние
вундерки́нд
выпе́ндриваться

Гна́ться

Кла́виша
культури́ст

Мра́чно

Непостоя́нный
неприя́знь

Обожа́ние
осозна́ть
охо́титься

Поме́ркнуть
презри́тельно

Сигна́л
симули́ровать
ситуа́ция
сла́ва
совпаде́ние
сопе́рник
стреми́тельно
сумасше́ствие

Тащи́ть
тёзка
триу́мф

Уныва́ть

Сла́ва

Же́нщины о́чень *непостоя́нны*. Же́нька по́нял э́то на своём о́пыте. В после́дние дни Ле́на Сини́цына, кото́рая нра́вилась ему́ уже́ це́лый ме́сяц, смотре́ла на него́ как на пусто́е ме́сто. Же́нька реши́л обрати́ть на себя́ внима́ние: он стреля́л в неё жёванной бума́гой из тру́бки, дёргал за ко́су, но вме́сто того́, что́бы в отве́т сту́кнуть его́ кни́жкой и́ли ещё ка́к-нибудь по-челове́чески отве́тить на его́ де́йствия, Сини́цына заяви́ла:

— Дура́к ты, Москвичёв. У тебя́ ума́ то́лько на таки́е глу́пости хвата́ет. Лу́чше бы де́лом заня́лся, как други́е.

По́сле э́тих слов Же́нька по́нял, что у него́ есть *сопе́рник*. В после́днее вре́мя Ле́нка ча́сто говори́ла о Ва́дике Гру́здеве, с кото́рым учи́лась в музыка́льной шко́ле: что он тала́нтливый и что бу́дет учи́ться в консервато́рии. И тогда́ Же́нька почу́вствовал си́льную *неприя́знь* к Ва́дику. «*Вундерки́нд то́лстый*», — серди́то поду́мал Же́нька. По пра́вде говоря́, сам он то́же не́ был *культури́стом*. Но он по́нял гла́вное: для Сини́цыной важна́ сла́ва, а не челове́к.

За обе́дом Же́нька включи́л ра́дио. Зазвуча́ла фортепья́нная му́зыка. «И до́ма поко́я нет», — *мра́чно* поду́мал Же́нька, вы́ключил ра́дио и тут из окна́ уви́дел, как Сини́цына го́рдо прошла́ в музыка́льную шко́лу.

Жéнька придýмал — он дóлжен прослáвиться. Жéнькино *воображéние* заработало. Особенно я́рко предстáвилось, как Лéнка пожалéет, что вы́брала толстякá Вáдика, и бýдет просить прощéния, а он дáже не посмóтрит в её стóрону. Жéнька так я́сно уви́дел э́ту сцéну, бýдто э́то ужé случи́лось, но когдá он попытáлся придýмать хотя́ бы оди́н спóсоб, как доби́ться слáвы, он ничегó не смог придýмать.

Жéнька рабóтал над э́той нелёгкой задáчей, и однáжды он уви́дел мнóго реклáмных проспéктов и журнáлов, котóрые они с пáпой принесли́ с вы́ставки компью́терной тéхники. Жéнька бы́стро проли́стывал буклéты, отбрáсывая в стóрону всё, где не́ было карти́нок и описáний игр. В однóм из журнáлов он вдруг обрати́л внимáние на пóдпись под статьёй: Евгéний Москвичёв.

«*Тёзка*», — подýмал Жéнька, и в э́тот сáмый момéнт он вдруг реши́л: вот онá — слáва! Жéнька стал внимáтельно читáть статью́, но, ничегó не поня́в, реши́л, что э́то совсéм невáжно. Никтó из клáсса тóже не поймёт.

«Посмóтрим, что Сини́цына скáжет, когдá узнáет, что я компью́терный гéний», — рáдостно дýмал он. Чем бóльше Жéнька размышля́л о задýманном, тем бóльше входи́л в роль. Наконéц емý ужé стáло казáться, бýдто и́менно он áвтор ýмных статéй для наýчных журнáлов.

На слéдующий день Жéнька яви́лся в шкóлу и с ýмным ви́дом усéлся на своё мéсто. Пря́мо пéред собóй он ви́дел косý Сини́цыной, онá как бýдто проси́ла за неё дёрнуть, но Жéнька не стал э́того делать. Он глубоко вздохнул, чтобы обратить на себя внимание, но Лёнка не обернулась.

— Вот проблема! — сказал Женька, словно думая вслух, и опять вздохнул.

— Что ты там *бормочешь?* — спросила Синицына.

— Ты не поймёшь, — ответил Женька.

— Да уж, конечно, — усмехнулась Лёнка.

— Это не для средних умов. Разрабатываю новую антивирусную программу, — важно заявил Женька.

— Ты программист? Кому нужна твоя программа! — *презрительно* сказала Лёнка.

— Кому надо, тому и нужна. Мне для журнала заказали.

— *Болтун.*

— В своём отечестве пророка нет*.

— У тебя что, с головой не всё в порядке?

— Гениальность — это разновидность *сумасшествия*, — продолжал говорить *афоризмами* Женька.

— Точно больной, — покачала головой Синицина.

На большой перемене, когда все побежали из класса в буфет, Женька достал компьютерный журнал и стал внимательно смотреть на ту страницу, где была подпись.

— О, журнальчик! Что это? — увидев яркую обложку, заинтересовался пробегавший мимо Петухов.

Женька даже не успел рта раскрыть, как Синицына сказала:

— *Выпендривается.*

— Про Би́ла Ге́йтса*, наве́рное, то́же говори́ли, выпе́ндривается, — заме́тил Же́нька.

— Э́то кто тако́й? Бас гитари́ст, что ли? — спроси́л Петухо́в.

— Ничего́ ты не зна́ешь, Петухо́в! Э́то созда́тель Ай Би Эм, — с ви́дом превосхо́дства заяви́л Же́нька.

— Да, и наш Москвичёв то́же компью́терный ге́ний, — презри́тельно сказа́ла Сини́цына.

И тут она́ уви́дела журна́л, кото́рый Же́нька специа́льно откры́л на ну́жной страни́це. Сини́цына уви́дела Же́нькину фами́лию, напеча́танную кру́пными бу́квами, и глаза́ у неё ста́ли огро́мными от удивле́ния.

— Так э́то пра́вда? — прошепта́ла она́.

Же́нька по́нял, что наста́л моме́нт его́ *триу́мфа,* и скро́мно мо́лча пожа́л плеча́ми.

В э́то вре́мя к ним подошла́ Ма́йка, кото́рую справедли́во счита́ли ме́стным бюро́ новосте́й. Уви́дев по́дпись под статьёй, она́ закрича́ла:

— Ребя́та, смотри́те! Москвичёва в журна́ле напеча́тали!

Все, кто на э́тот моме́нт не успе́л убежа́ть в буфе́т, сра́зу на́чали изуча́ть по́дпись под статьёй, потому́ что из всей статьи́ э́то бы́ло са́мое поня́тное ме́сто.

— Пойдёмте пока́жем Никола́ю Алекса́ндровичу, — предложи́ла Ма́йка.

Но Же́нька совсе́м не хоте́л встре́чи с учи́телем информа́тики.

— Ты что, с ума́ сошла́*?! Я же засекре́ченный, — закрича́л вдруг он.

— Как засекре́ченный? — удиви́лась Сини́цына.

— Очень про́сто. Про меня́ вообще́ никому́ говори́ть нельзя́, потому́ что за мной *охо́тятся*. Я то́лько вам рассказа́л, — таи́нственным го́лосом сказа́л Же́нька.

— А кто за тобо́й охо́тится? — заинтересова́лась Ма́йка.

— Кто, кто. Иностра́нные разве́дки.

— Вот врёт! Заче́м ты им ну́жен. Они́ и не таки́х специали́стов покупа́ют. За больши́е де́ньги любо́й прода́стся, — недове́рчиво усмехну́лся Петухо́в.

— Я за де́ньги не продаю́сь, — го́рдо отве́тил Же́нька и доба́вил: — Так что, е́сли проговори́тесь, я поги́б.

Несмотря́ на предупрежде́ние, но́вость о том, что Же́нька большо́й знато́к компью́теров, бы́стро ста́ла изве́стна во всей шко́ле. И но́вый программи́ст *осозна́л*, что быть компью́терным ге́нием намно́го трудне́е, чем он ду́мал. Ребя́та обраща́лись к нему́ с вопро́сами. Же́нька де́лал ва́жный вид, говори́л, что он за́нят и сове́товал почита́ть литерату́ру для «ча́йников»*, но понима́л, что до́лго так не проде́ржится.

Собы́тия развива́лись *стреми́тельно*. В тот день Ле́на Сини́цына объяви́ла, что Ва́дика Гру́здева пока́зывали по телеви́дению. Это был уда́р ни́же по́яса. По сравне́нию с пока́зом по телеви́зору по́дпись в журна́ле тотча́с *поме́ркла*. Ча́ша весо́в склоня́лась я́вно не в Же́нькину сто́рону.

Но уда́ча вновь улыбну́лась ему́. Недалеко́ от шко́лы телевизио́нная гру́ппа проводи́ла очередно́й социологический опрос. На перемене Женька объявил, что хочет быть опрошенным, но журналистка не оценила его желания рассказать обществу своё мнение. Нужно было придумать что-нибудь ещё.

Вернувшись в класс, Женька показал рукой в сторону окна и громко сказал:

— Видели? Телевизионная группа приехала. Откуда они узнали? Меня выжидают. Хотят интервью взять.

— Что же ты тогда здесь сидишь? — удивилась Лена Синицына.

— Мне это не нужно, — *безразлично* пожал плечами Женька. — Я за славой не *гонюсь*. Не такой я человек. Не так, как некоторые, только научатся по *клавишам* стучать и сразу же на телевидение бегут.

В это время прозвенел звонок на последний урок. За сорок пять минут Женька успел забыть о том, что его «выжидают» журналисты и спокойно вышел из школы вместе с остальными. К этому времени телевизионщики закончили свою работу. Майка оценила *ситуацию* и решила, что оставлять журналистов без интервью — нехорошо. Надо восстановить справедливость. Общество должно знать своих героев и тех, кто живёт рядом с ними.

— Ребята! *Тащите* Москвичёва к камере, — и добавила: — Может, и нас по телеку покажут.

— Точно! Хорошо будет, если в новостях покажут! — обрадовался Юрка Петухов.

Оценив всю серьёзность ситуации, Женька закричал:

— Нет! Не буду я давать никакого интервью.

— Почему́? — Петухо́в обрати́лся к остальны́м: — Да заче́м вы его́ слу́шаете? Е́сли на́до, зна́чит на́до!

Ребя́та схвати́ли Же́ньку и потащи́ли к ка́мере. Же́нька отбива́лся изо всех сил, но с це́лым кла́ссом спра́виться не мог. Ско́ро он стоя́л пе́ред телевизио́нщиками, и Ма́йка заяви́ла:

— Вот! Мы к вам Москвичёва привели́.

— Кого́? — не поняла́ журнали́стка.

— Же́ню Москвичёва. Он в на́шем кла́ссе у́чится и пи́шет нау́чные статьи́. Про́сто он о́чень скро́мный, — объясни́ла Ле́на Сини́цына и бы́стро вы́тащила из портфе́ля журна́л, кото́рый Же́нька подари́л ей с авто́графом.

Просмотре́в глаза́ми статью́, журнали́стка удивлённо взгляну́ла на Же́ньку и начала́ проявля́ть к нему́ интере́с. Же́нька по́нял, сопротивля́ться бесполе́зно, и сда́лся. Интервью́ дли́лось недо́лго. К сча́стью, журнали́стка не ста́ла интересова́ться подро́бно компью́терным программи́рованием. Евге́ний Москвичёв, как любо́й ге́ний, был немногосло́вен. Репорта́ж обеща́ли показа́ть в калейдоско́пе новосте́й. Все бы́ли счастли́вы, то́лько геро́й дня так не вы́глядел.

— Пережива́ешь, что тебя́ рассекре́тили? — спроси́ла Сини́цына.

Гля́дя в её по́лные *обожа́ния* глаза́, Же́нька впервы́е поду́мал, мо́жет быть, непло́хо, что он дал интервью́.

Прошло́ три дня. Внача́ле Же́нька не́рвничал, но постепе́нно успоко́ился и стал с удово́льствием гре́ться в луча́х сла́вы.

Сигнал тревоги прозвучал, когда на перемене в класс зашёл Николай Александрович.

— Москвичёв, говорят, ты занимаешься программированием и даже пишешь статьи в серьёзные журналы? — спросил он.

В душе у Женьки появилось предчувствие, что скоро его славе придёт конец. «Может, *симулировать потерю голоса?*» — решил он и молча кивнул.

— Представляешь, какое *совпадение*. Мой друг занимается той же самой проблемой и тоже пишет статьи. Могу познакомить. Его зовут Евгений Олегович Москвичёв.

Глубина Женькиного падения была ужасна. Все подсмеивались над ним. Его называли и Компьютерщик, и Программист, и Автограф.

Женька терпеливо выдерживал всё это. У каждого в жизни бывают чёрные полосы, главное, не *унывать,* решил он. Зато он понял, почему знаменитости не любят журналистов. Теперь само слово «интервью» вызывало у него острую неприязнь. Ведь может быть, он ещё долго оставался бы компьютерным гением, если бы эти папарацци не рассекретили его.

Если эти слова (в тексте они выделены) вам незнакомы, посмотрите их значение в словаре.

Áура

Вдохновéние
вертля́вый

Гéний

Драчу́н

За́висть

Идио́т

Казнь
колдова́ть

Лову́шка

Мгновéние
мра́чный (мра́чно)

Нéнависть

Па́уза
прили́в
пуши́нка

Сла́ва

Цели́тель

Чуда́к

Шмы́гнуть (нóсом)

Щёлкнуть

Экстрасéнс

Экстрасенс

День был солнечный. Пообедав и быстро выучив уроки, Женька забежал за Лёхой, но тот был ещё не готов. Пока медлительный Лёха одевался, Женька стал читать газетные объявления.

— Видел, сколько *чудаков колдует*? Смотри-ка, на успех в деньгах кодируют. Тебе не надо? — улыбаясь, спросил он.

— Лучше бы меня от двойки по математике закодировали, а то скоро контрольная, — *мрачно* сказал Лёха, надевая ботинки.

И тут в голове у Женьки будто что-то *щёлкнуло*. Он почувствовал *вдохновение*, так случалось в те *мгновения,* когда его посещала какая-нибудь замечательная идея.

— Лёха, ты *гений*! — воскликнул он.

Лёха осторожно посмотрел на друга: шутит, что ли? Он, конечно, не считал себя дураком, но гением его ещё никогда не называли. Между тем Женька продолжал:

— Мы с тобой тоже экстрасенсами станем!

Нет, не шутит. С ума сошёл*, понял Лёха, а вслух сказал:

— Бывают, конечно, *идиоты*, но не настолько же. Какой дурак к нам кодироваться пойдёт?

— А такой, какой двоек получать не хочет. Кодировать будем от плохих оценок, — уверенно заявил Женька.

Помеша́тельство бы́ло я́вное. Лёха опя́ть посмотре́л на дру́га и осторо́жно спроси́л:

— Как же ты ста́нешь коди́ровать, е́сли ты э́тому нигде́ не учи́лся?

— Пусть глу́пые у́чатся, а у меня́, Лёха, приро́дный дар. Я э́то чу́вствую, — заяви́л Же́нька. — Гла́вное, нам нужна́ рекла́ма.

— Где же мы её возьмём? — поинтересова́лся Лёха.

— Мо́жет быть, да́же во дворе́, — зага́дочно произнёс Же́нька.

Вы́бежав из подъе́зда, ребя́та уви́дели Ма́йку Свири́дову, кото́рая гуля́ла со свои́м мла́дшим брати́шкой. Ма́йка учи́лась с ни́ми с одно́м кла́ссе и была́ настоя́щей энциклопе́дией «Всё обо всех».

— Вон она́, на́ша рекла́ма, — дово́льно потира́я ру́ки, улыбну́лся Же́нька.

Подойдя́ к Ма́йке, он спроси́л:

— Гуля́ешь?

— А тебе́-то что? — отве́тила Ма́йка.

Она́ посмотре́ла на Же́ньку и уже́ собира́лась отверну́ться, но тот неожи́данно произнёс:

— Чего́ э́то ты на меня́ так посмотре́ла?

— Ника́к я на тебя́ не смотре́ла, — сказа́ла Ма́йка.

— Ты что, уже́ всё зна́ешь? Кто тебе́ рассказа́л? — выспра́шивал Же́нька.

— Что рассказа́л? — наконе́ц-то начала́ интересова́ться Ма́йка.

— Ну что я экстрасе́нс?

— Не ври, — не пове́рила Ма́йка, но при э́том глаза́ её от любопы́тства ста́ли кру́глыми.

— Я вру? — удиви́лся Же́нька. — Меня́ в акаде́мии проверя́ли. Лёха, скажи́. Я могу́ с лёгкостью закоди́ровать на уда́чу. Был дво́ечником — стал хороши́стом, — хвали́лся Же́нька и вдруг сказа́л ти́хо: — Ой, чего́ э́то я разговори́лся. Зна́ешь что, забу́дь. Никому́ не говори́.

— Так вот почему́ ты отли́чник, — поду́мала Ма́йка, уже́ не сомнева́ясь в правди́вости Же́нькиных слов.

Же́нька многозначи́тельно пожа́л плеча́ми и попроси́л:

— То́лько ты об э́том не расска́зывай ребя́там, а то начну́т проси́ть: закоди́руй да закоди́руй.

— Не бо́йся, бу́ду молча́ть, — пообеща́ла Свири́дова.

Как и плани́ровал Же́нька, Ма́йка молча́ть не ста́ла. На сле́дующий день, когда́ друзья́ яви́лись в класс, их встре́тили молча́нием. Же́нька прошёл к па́рте и сде́лал вид, что не замеча́ет провожа́ющих его́ любопы́тных взгля́дов. Пе́рвой начала́ Ле́на Сини́цына:

— Же́ня, а пра́вда, ты — экстрасе́нс?

Же́нька посмотре́л на всех и, вы́держав *па́узу*, *мра́чно* вздохну́л:

— Так и знал, что э́то ста́нет изве́стно. И вообще́, что вы все смо́трите на меня́? Экстрасе́нсов не ви́дели?

Произвести́ впечатле́ние на Сини́цыну бы́ло не легко́.

— Вот скажи́, смо́жешь ты Шмыгуно́ва от дво́ек закоди́ровать? — спроси́ла она́.

Маленький, *вертлявый* Шмыгунов *шмыгнул* носом, словно оправдывая свою фамилию, и сказал:

— Почему меня? Других, что ли, нет?

— Да потому, что ты у нас самый двоечник, весь класс *позоришь,* — ответила Синицына.

Женька для важности поводил возле Шмыгунова руками и заявил:

— Закодировать я могу, только для пополнения энергии мне надо две шоколадки и... банку пива. Без этого ничего не получится.

— Ты что, пиво пьёшь? — спросила Майка.

— Экстрасенсы, как йоги, вообще ничего не пьют. У нас свои методы, — важно произнёс Женька.

Класс проявил заботу об успеваемости Шмыгунова. И скоро ребята собрали всё нужное для успешной работы экстрасенса.

После уроков все разошлись по домам. Только начинающий *целитель* и его верный секретарь не спешили уйти со школьного двора. Они сидели и мрачно жевали шоколадки.

— Может, не надо? — время от времени повторял Лёха.

— Не бойся. Всё будет хорошо, — успокаивал его Женька, хотя и сам немного нервничал.

Наконец из дверей здания стали выходить ученики одиннадцатого класса.

— Пора. Сиди здесь. Я скоро, — выдохнул Женька и побежал к школьной двери. На пороге появился главный школьный силач по прозвищу Конан. У него были такие бицепсы... Конан был личностью известной далеко за пределами школы.

Его побаивались многие ребята. Женька подбежал к старшекласснику и протянул банку пива:

— Конан, это тебе.

— Интересно, — с удивлением посмотрел на него Конан и понимающе спросил: — Что, проблемы?

— Да, парень один из нашего класса.

— Надо наказать? — поинтересовался Конан.

— Нет, не надо. Ты ему просто скажи, чтобы он бежал домой делать уроки или будет иметь дело с тобой.

— И всё? — удивился Конан.

— И всё.

— Договорились.

Когда громадные руки схватили Шмыгунова и как *пушинку* оторвали от земли, он в первый миг подумал, что в городе объявился Годзилла*, но, увидев, что перед ним Конан из одиннадцатого класса, пожалел, что это не монстр.

— В общем, так, мальчик, беги домой делать уроки...

Удивлённый Шмыгунов слушал и по привычке *шмыгал* носом в знак согласия. Скоро он вновь почувствовал под ногами твёрдую почву. Конан удалился. Не успел Шмыгунов понять, что бы это значило, как к нему подошёл Женька и произнёс:

— Понял? Ты теперь закодированный. Иди домой и учи уроки.

— Ха, это не кодирование. Видел я таких экстрасенсов! — наконец, заговорил Шмыгунов.

— Как хочешь, только если завтра получишь двойку, объясняться будешь с Конаном.

— Но ты же зна́ешь, я никогда́ уро́ков не де́лал. Пошути́ли, и хва́тит, — попроси́л Шмыгуно́в.

— Коди́рование — не шу́точки, — отве́тил Же́нька.

— Вот я всем расскажу́, како́й ты экстрасе́нс, — осо́бенно гро́мко шмы́гнул но́сом Шмыгуно́в.

— Ага́, пе́рвому Ко́нану расскажи́.

Бе́дный Шмыгуно́в по́нял, что он в *лову́шке*. Опусти́в го́лову, он отпра́вился домо́й де́лать уро́ки.

Валенти́на Петро́вна вы́звала Шмыгуно́ва, и все прити́хли. Шмыгуно́в посмотре́л на класс, то́чно приговорённый к *ка́зни,* подня́лся и ме́дленно пошёл к доске́. Проходя́ ми́мо Же́нькиной па́рты, он услы́шал гро́мкий шёпот:

— По́мни, ты закоди́рованный.

Пе́ред мы́сленным взо́ром Шмыгуно́ва возни́к кула́к Ко́нана, и Шмыгуно́в сра́зу почу́вствовал необыкнове́нный *прили́в* у́мственных спосо́бностей. Собра́вшись с мы́слями, он бы́стро стал отвеча́ть уро́к. Слу́шая его́ отве́т, Валенти́на Петро́вна от удивле́ния приподняла́ очки́, а когда́ он замолча́л, произнесла́:

— Ну, Шмыгуно́в, ты меня́ сего́дня удиви́л. За стара́ние ста́влю тебе́ четвёрку.

Шмыгуно́в, кото́рый в жи́зни не получа́л четвёрок, снача́ла да́же не пове́рил, а когда́ до него́ наконе́ц дошёл смысл ска́занного, выраже́ние си́льного у́жаса на его́ лице́ вдруг смени́лось улы́бкой. Класс изда́л восхищённый вздох. На переме́нке Шмыгуно́в был геро́ем дня.

— Слышь, Шмыгунóв, а си́льно на тебя́ коди́рование поде́йствовало. Мо́жет, и мне попро́бовать? — реши́л тро́ечник Си́доров.

Шмыгунóв хоте́л сказа́ть всё, что ду́мает по по́воду ме́стного цели́теля, но во́время сообрази́л, что быть еди́нственным дурако́м, кото́рый пове́рил в э́то, ему́ не хо́чется, и сказа́л:

— Да, попро́буй, — и, вспо́мнив кула́к Ко́нана, и́скренне доба́вил: — Си́льная вещь!

Ско́ро на приём вы́строилась больша́я о́чередь. Жела́ющих бы́ло мно́го, но шко́льный экстрасе́нс принима́л не бо́льше одного́ челове́ка в день. Во вре́мя за́писи Же́нька с ва́жным ви́дом де́лал движе́ния рука́ми и то́лько по́сле э́того говори́л Лёхе, что́бы он записа́л счастли́вчика в спи́сок на коди́рование.

— Жень, а ты мо́жешь меня́ от четвёрок закоди́ровать? — попроси́ла Сини́цына.

— Нет, девчо́нок я не коди́рую. Энерге́тика сли́шком си́льная, не для же́нского органи́зма, — со зна́нием де́ла сказа́л он.

Когда́ запи́сываться на коди́рование пришёл изве́стный свое́й си́лой *драчу́н* Ю́рка Петухо́в, Же́нька покача́л голово́й:

— Нет, Петухо́в, с тобо́й то́же ничего́ не полу́чится.

— Почему́ э́то? — оби́делся Петухо́в.

— У тебя́ *а́ура* не та.

Худо́й Шмыгуно́в с *за́вистью* погляде́л на мускули́стого Петухо́ва и реши́л нача́ть ходи́ть в спортза́л, что́бы то́же накача́ть а́уру. Зато́, гля́дя как остальны́е запи́сываются на приём, он с ра́достью ду́мал: «Пуска́й тепе́рь други́е му́чаются».

Верну́вшись домо́й, Шмыгуно́в бро́сил портфе́ль, схвати́л бутербро́д и, как обы́чно, собра́лся на у́лицу, как вдруг его́ останови́л телефо́нный звоно́к. В тру́бке послы́шался Же́нькин го́лос:

— Шмыгуно́в, я на вся́кий слу́чай звоню́ напо́мнить, что ты закоди́рован.

Хоро́шее настрое́ние у Шмыгуно́ва сра́зу пропа́ло. Он с *не́навистью* посмотре́л на телефо́нную тру́бку и, молча́ бро́сив её, напра́вился к пи́сьменному столу́.

Ско́ро но́вость о вели́ком экстрасе́нсе вы́шла за преде́лы кла́сса. Пе́ред нача́лом уро́ка Валенти́на Петро́вна внима́тельно посмотре́ла на Же́ньку и спроси́ла:

— Москвичёв, э́то пра́вда, что ты от дво́ек коди́руешь?

Же́нька встал из-за па́рты и скро́мно пожа́л плеча́ми, а вме́сто него́ заговори́ла Ма́йка:

— Пра́вда-пра́вда. Он уже́ и Шмыгуно́ва, и Си́дорова, и Тува́ева закоди́ровал. У них ни одно́й дво́йки за после́днее вре́мя.

— Вот и́менно. Е́сли бы я сама́ не ви́дела, ни за что бы не пове́рила, — заду́мчиво произнесла́ учи́тельница.

Сла́ва Же́ньки росла́. Ста́ли появля́ться пе́рвые жела́ющие из паралле́льных кла́ссов. Все закоди́рованные расхва́ливали шко́льного цели́теля, но молча́ли, когда́ их проси́ли рассказа́ть про коди́рование подро́бнее.

Шла вторая неделя Женькиной работы целителем, когда в толпе началось необычное оживление.

— На этот месяц записи нет, — привычно говорил Лёха, но желающие записаться расступились, и перед Лёхой появился Конан.

— Я по льготной очереди, хорошо? — добродушно сказал он и добавил: — Говорят, тут у вас какой-то парень от двоек кодирует. Мне очень надо.

Лёха на ватных ногах отступил в сторону. Конан вошёл в класс. Он долго смотрел на Женьку, а потом произнёс коротко, но значительно:

— Вот это да!

По дороге домой Женька был мрачным, как никогда.

— Но не били же! — как мог, старался успокоить друга Лёха.

— Ты только подумай, какое дело загубили! — не слушая его, говорил Женька. — Я же не для себя старался. Для школы. Всего за десять дней вон как успеваемость повысил.

— Да. Но не били же, — повторил Лёха.

Некоторое время они шли молча, а потом Женька махнул рукой:

— Ничего, Лёха, им же хуже. А мы ещё что-нибудь придумаем. Дар, если он есть, никуда не пропадёт.

Если эти слова (в тексте они выделены) вам незнакомы, посмотрите их значение в словаре.

Адский (ад)

Благоро́дный
бро́ситься

Вор
выкипа́ть
выпа́ривать

Доса́да

Загри́вок
замани́ть (мани́ть)

Издева́ться
изобрете́ние

Ко́поть

Мерца́ющий
мета́ть
минта́й
мра́чный

Неуда́ча

Пасть
па́уза
пла́мя
приручи́ть

Ро́бко

Фантази́ровать
фо́сфор

Чудо́вище

«Соба́ка Баскерви́лей»*

Лёха не был счастли́вчиком. У него́ ча́сто случа́лись ма́ленькие *неуда́чи*, но все они́ не могли́ сравни́ться с тем уда́ром, кото́рый судьба́ пригото́вила для него́ на э́тот раз. Светла́на Ви́кторовна, учи́тельница по матема́тике, перее́хала жить в дом, где жил Лёха. Её кварти́ра была́ ря́дом с Лёхиной. Но са́мое ху́дшее ожида́ло его́ впереди́. Ма́ма подружи́лась со Светла́ной Ви́кторовной. По вечера́м они́ пи́ли чай, и одна́жды учи́тельница предложи́ла позанима́ться с Лёхой по матема́тике. И э́то в нача́ле ле́тних кани́кул!

Э́то несча́стье си́льно испо́ртило Лёхе настрое́ние. Он ходи́л *мра́чный*. Ребя́та сиде́ли у Же́ньки в ко́мнате и ду́мали, что де́лать, но ничего́ не могли́ приду́мать.

— Хоть бы она́ в о́тпуск уе́хала, а то бу́дет тут всё ле́то сиде́ть! — Лёха с *доса́дой* махну́л руко́й.

При э́тих слова́х Же́нька вдруг что́-то приду́мал. Он был ма́стером на ра́зные *изобрете́ния*. Никто́ в кла́ссе не прочита́л сто́лько кни́жек.

— Как же я сра́зу об э́том не догада́лся! Соба́ка — э́то как раз то, что ну́жно! — воскли́кнул он и подбежа́л к кни́жной по́лке.

— Заче́м? — с недове́рием спроси́л Лёха. С тех пор как его́ в де́тстве покуса́ла соба́ка, он стара́лся обходи́ть четвероно́гих друзе́й стороно́й.

— Сейча́с узна́ешь. Нам нужна́ соба́ка Баскерви́лей! Вот послу́шай!

Же́нька доста́л с по́лки то́мик Ко́нан До́йля* и, найдя́ ну́жное ме́сто, на́чал чита́ть стра́шным го́лосом:

— «Это была́ соба́ка огро́мная и чёрная. Но тако́й соба́ки ещё никто́ из нас не ви́дел. Из её откры́той *па́сти* вырыва́лось *пла́мя,* глаза́ *мета́ли и́скры,* по мо́рде и *загри́вку* перелива́лся *мерца́ющий* ого́нь. Это бы́ло стра́шное, *а́дское* существо́, вы́скочившее на нас из тума́на».

Же́нька продолжа́л чита́ть, а Лёха всё бо́льше сомнева́лся в том, что соба́ка Баскерви́лей — э́то и́менно то, чего́ ему́ в жи́зни ну́жно.

Когда́ Же́нька замолча́л, Лёха посмотре́л на него́ и мра́чно произнёс:

— Ты что, *издева́ешься?* У меня́ и так го́ре.

— Да ты то́лько поду́май! От тако́й соба́ки Светла́на Ви́кторовна, мо́жет, вообще́ из на́шего до́ма с ра́достью убежи́т.

Лёха поду́мал, что от тако́й соба́ки он бы и сам с ра́достью убежа́л. Ме́жду тем Же́нька продолжа́л *фантази́ровать:*

— Предста́вь: ночь, темнота́, тума́н. Светла́на выхо́дит из до́ма...

— Заче́м она́ но́чью в тума́н из до́ма пойдёт? — спроси́л его́ Лёха.

— Ну ла́дно, пуска́й без тума́на, — согласи́лся Же́нька и продолжа́л: — Ночь. Темнота́...

— Не-е, сейча́с темне́ет по́здно, — возрази́л Лёха.

— Зна́ешь что, тебе́ всё не так. Мне, что ли, ка́ждый день зада́чки реша́ть? Для тебя́ же стара́юсь, — оби́делся Же́нька.

Лёха винова́то вздохну́л:

— Ла́дно, не серди́сь. Я же как лу́чше хочу́.

— Бу́дто я хочу́ как ху́же, — отве́тил Же́нька и доба́вил: — Нахо́дим соба́ку…

— А без соба́ки ника́к нельзя́? — *ро́бко* спроси́л Лёха.

— Без соба́ки нельзя́, — отве́тил Же́нька.

Лёха по́нял, что э́то вопро́с решённый. Ме́жду тем Же́нька зашепта́л:

— Я, Лёха, тако́е приду́мал! Математи́чка тебя́ не то́лько от ле́тних заня́тий освободи́т, она́ тебе́ до конца́ уче́бного го́да пятёрочки бу́дет ста́вить, да ещё и благодари́ть при э́том.

Нача́ло Же́нькиной иде́и звуча́ло интере́сно. Лёха внима́тельно слу́шал, а Же́нька продолжа́л:

— Выхо́дит Светла́на ве́чером из до́ма, а на неё — *чудо́вище*. По загри́вку ого́нь. Из па́сти пла́мя. Она́ кричи́т. И тут… — Же́нька вы́ждал *па́узу* и торже́ственно произнёс: — …появля́ешься ты!

— Кто?! Я?! — спроси́л Лёха.

— Ну да, как бу́дто ты случа́йно во дворе́ гуля́ешь.

— Не хочу́ я нигде́ случа́йно гуля́ть, и вообще́, почему́ я?

— Потому́ что она́ тебе́ ле́тние кани́кулы по́ртит, а не мне, — заяви́л Же́нька.

— Да ла́дно, я её уже́ прости́л, — сказа́л Лёха.

Же́нька посмотре́л на дру́га и произнёс:

— Ты, Лёха, *благоро́дный*.

Лёха не стал возражать, а Женька продолжал:

— Светлана ещё прощения просить будет, что к тебе с задачками приставала, когда ты её от собаки спасёшь.

Когда Лёха представил, как он спасает Светлану Викторовну от собаки Баскервилей, благородство сменилось у него скромностью.

— Я не благородный, — сказал он.

— Молодец! По-настоящему благородный человек сам себя хвалить не станет, — похлопал его по плечу Женька.

Быть благородным Лёхе было бы намного легче, если бы не собака.

— А где мы баскервиля возьмём? Это же порода редкая.

— Порода тут не нужна. Собаку мы возьмём самую обыкновенную, намажем её светящимся составом, и готово!

При этих словах Лёха обрадовался:

— Так бы сразу и сказал, что обыкновенную, а то я уж испугался... что породу такую не найдём. А так и Муху можно взять.

Муха была любимица двора. Она так приветливо вертела хвостом-бубликом, что её даже Лёха не боялся. С такой собакой одно удовольствие совершать благородные поступки, но оказалось, Лёха радовался рано.

— Ты что? — воскликнул Женька. — Думаешь, Светлана дурнее тебя и Муху не узнает?

— Но ведь мы её светящимся составом намажем. Другой собаки у нас всё равно нет, — сказал Лёха.

— Это у тебя́ нет, а у меня́ есть, — заяви́л Же́нька.

— Соба́ка?

— Иде́я. Соба́ку мы попро́сим у тёти Ва́ли с четвёртого этажа́.

Лёха с у́жасом вспо́мнил огро́много до́га* по кли́чке Граф и с наде́ждой в го́лосе сказа́л:

— Она́ его́, наве́рное, не даст.

— Не беспоко́йся. Я договорю́сь. Она́ ещё ра́да бу́дет, е́сли мы его́ выгу́ливать бу́дем.

— А вдруг он не поймёт и *бро́сится* на меня́? — забеспоко́ился Лёха.

— Мы его́ к тебе́ *приручи́м*, — успоко́ил дру́га Же́нька.

Че́рез два дня Же́нька с ви́дом победи́теля вы́шел из до́ма, ведя́ на поводке́ Гра́фа. Оказа́лось, что приручи́ть Гра́фа к Лёхе гора́здо ле́гче, чем приручи́ть Лёху к соба́ке. Вблизи́ Граф каза́лся ещё страшне́е, чем издалека́. Но постепе́нно Лёха на́чал привыка́ть:

— А где мы светя́щуюся смесь возьмём? — спроси́л он.

— Вот, — с го́рдостью сказа́л Же́нька, отдава́я паке́т.

— Это ры́ба? — Лёха удивлённо смотре́л на обезгла́вленного минта́я*.

— Сам ты — ры́ба. Это проду́кт, где бо́льше всего́ *фо́сфора*, понима́ешь? Проведём нау́чный о́пыт. Дади́м ры́бу Гра́фу и посмо́трим, бу́дет у него́ пасть свети́ться и́ли нет.

Лёха недове́рчиво усмехну́лся:

— Я и без твоей науки знаю, что не будет. Я часто рыбу ем и ещё ни разу не светился.

— Ну и ничего, что не светился! Ты что, сырую рыбу ешь, сырую, да? — разволновался Женька.

— Ну, жареную.

— Вот именно, жареную. А где ты слышал, чтобы жареная рыба светилась?

Такого Лёха не слышал, и эксперимент начался. Женька протянул Графу рыбу, тот понюхал, фыркнул и отвернулся.

— Наверное, неголодный, — подумал Лёха.

— Давай проверим. У вас колбаса есть?

— Есть.

— Неси, — приказал Женька.

Лёха принёс кусок колбасы. Оказалось, что Граф не такой уж сытый. Он быстро съел колбасу, однако от рыбы ещё раз отказался. Женька и приказывал, и угрожал, и уговаривал — всё было бесполезно.

— А может, попробовать его колбасой *заманить*, а потом незаметно рыбу подсунуть? — предложил Женька.

Лёха ещё раза два сбегал за колбасой, после чего Женька решительно заявил:

— Так ничего не получится. Пока ты бегаешь туда-сюда, мы только время зря теряем. Лучше сразу всю колбасу неси, мы её тут порежем.

— А что я маме скажу?

— Не бойся, не съест же он её целиком. Что останется, домой унесёшь. Мама даже не заметит.

Как только Лёха перестал бегать домой и начал резать колбасу на месте, дело пошло быстрее. Но, когда Женька готов был сунуть рыбу в пасть Графу, случилось неожиданное: колбаса кончилась.

— Эх, жалко, — сказал Женька.

— Ещё как! — мрачно согласился Лёха, думая о том, что он будет объяснять маме.

— А чего у вас ещё вкусного есть? — спросил Женька.

— Пастила, — сказал Лёха и быстро добавил, — но собаки пастилу не едят.

— Ты что! Пастилу едят все, — заявил Женька и оказался прав, пастилу действительно ели все, и поэтому она кончилась намного быстрее колбасы.

Закончив есть пастилу, ребята увидели, что рыба исчезла, зато недалеко сидел большой рыжий кот, который с удовольствием поедал продукт эксперимента.

— Ах ты, *вор*! — крикнул Женька.

Догадавшись, что обращаются к нему, и не желая вступать в конфликт, кот схватил рыбу и отбежал подальше.

— Ну, сейчас я тебе покажу! — пригрозил Женька. — Граф, взять его!*

Граф лениво посмотрел на кота, потом на Женьку, как бы спрашивая: «А зачем он мне нужен?» — и, отойдя к столбу, поднял лапу.

— Граф, фас!* Ты же собака! — взывал Женька к собачьей гордости, но безрезультатно. Тогда Женька скомандовал: — Лёха, окружай его!

Лёха побежал окружать кота. Граф, видимо, подумал, что это игра, и тоже бросился к коту. Кот

45

вы́гнул спи́ну, гро́мко зашипе́л и, бро́сив ры́бу, вскочи́л на де́рево.

Же́нька по́днял ры́бий хвост. Экспериме́нт был под угро́зой сры́ва, но вдруг Же́нька обра́довался:

— Слу́шай, э́то да́же хорошо́, что кот ры́бу съел. На нём и прове́рим, бу́дет он свети́ться и́ли нет. Дава́й его́ пойма́ем и в подва́л отнесём. Там в темноте́ сра́зу бу́дет ви́дно.

— Как же мы сра́зу не доду́мались! Зря то́лько колбасу́ отда́ли, — пожале́л Лёха.

Но пойма́ть кота́ оказа́лось не про́сто. Кот сиде́л на де́реве, всем свои́м ви́дом пока́зывая, что слеза́ть он не собира́ется.

— Сейча́с я его́ прогоню́, — сказа́л Же́нька и поле́з на де́рево.

Уви́дев э́то, кот гро́мко заора́л, спры́гнул с де́рева и побежа́л в подва́л. Же́нька и Лёха поспеши́ли за ним. В подва́ле бы́ло совсе́м темно́. Кот не свети́лся.

— Ничего́, так да́же лу́чше, — сказа́л Же́нька. — Всё равно́ Граф ры́бу не ест. Мы бы с ним ещё наму́чались. И вообще́, е́сли бы э́то бы́ло так про́сто, ка́ждый тут ходи́л бы и свети́лся, когда́ ему́ захо́чется. Фо́сфор лу́чше *выпа́ривать*.

Спо́соб, предло́женный Же́нькой, был о́чень прост. На ку́хне у Лёхи Же́нька положи́л на сковоро́дку не́сколько ры́бок, накры́л их кры́шкой и поста́вил на ме́дленный ого́нь.

— Тепе́рь то́лько успева́й фо́сфор с кры́шки собира́ть, — сказа́л он.

— А ры́ба не изжа́рится? — спроси́л Лёха.

— Ничего ты не понимаешь. Жарят с маслом, а без масла она будет выпариваться.

Женька каждую минуту заглядывал под крышку и говорил:

— Воды много. Когда выкипит — рыба начнёт выпариваться.

Ждать без дела было скучно. Мальчики перешли в гостиную, включили телевизор и стали искать что-нибудь интересное. По одной программе показывали боевик*. Главный герой убивал всех подряд. Забыв обо всём, ребята смотрели на экран.

Вдруг Лёха почувствовал запах с кухни:

— По-моему, горит.

Женька и Лёха побежали на кухню. Всё было в дыму. Эксперимент пришлось прекратить. Женька поспешил выключить газ, а Лёха открыл окно. Полотенцами они выгнали дым из кухни, и только тогда Женька вспомнил про фосфор. Он открыл сковородку, на которой лежали чёрные угли. Крышка была покрыта толстым слоем *копоти*. Помолчав минуту, Женька мрачно сказал:

— Ничего страшного, даже у великих учёных бывали неудачи. Завтра что-нибудь придумаем.

Но назавтра они ничего не придумали, потому что вечером соседи нажаловались Лёхиной маме, что из окна их квартиры был виден дым, а потом мама не нашла большую сковородку, а чуть позже колбасу и пастилу.

Три дня Лёха сидел дома. С утра он делал упражнения по русскому, а вечером с ним занималась Светлана Викторовна. Только на четвёртый

47

день его выпустили погулять. Лёха вышел во двор и сразу встретил Женьку. Тот улыбался. На лице его крупными печатными буквами читалась идея.

— Привет, Лёха! А я как раз к тебе бегу. Я тут такое придумал! — воскликнул он.

— Нет, я больше фосфор добывать не буду, — отказался Лёха.

— Какой фосфор? — не понял Женька.

— Ну, для баскервиля. Математичка будет ремонт делать в квартире и всё лето никуда не уедет.

— А нам и не надо, чтобы она уезжала! — сказал Женька. — У меня идея другая. Я такую интересную книгу прочитал!

И Женька уже протягивал ему серый томик, который мог спасти его от домашних заданий на лето. На обложке было написано: Жюль Верн*. «Вокруг света за 80 дней»*.

Комментарий

КРЮКОВА ТАМАРА

Владикавка́з — го́род на ю́ге Росси́и, в центра́льной ча́сти Се́верного Кавка́за.

Ки́плинг Джо́зеф Ре́дьярд (1865–1936) — англи́йский писа́тель.

Дюма́ Алекса́ндр (1802–1870) — францу́зский писа́тель.

Майн Рид (1818–1883) — англи́йский писа́тель.

Жорж Санд (1804–1876) — францу́зская писа́тельница.

Придво́рные — лю́ди, состоя́щие на слу́жбе при дворе́ мона́рха.

Джек Ло́ндон (1876–1916) — америка́нский писа́тель.

«Ма́ртин Иден» — автобиографи́ческий рома́н Джéка Ло́ндона.

Челове́к но́вого ти́па

Че́тверть — четвёртая часть уче́бного го́да.

Ру́сско-туре́цкая война́ *здесь*: война́ (1797–1791).

Пьер Безу́хов — геро́й рома́на Л.Н. Толсто́го «Война́ и мир».

Ушако́в Фёдор Фёдорович (1745–1817) — флотово́дец, адмира́л, оди́н из созда́телей росси́йского Черномо́рского фло́та и с 1790 го́да его́ кома́ндующий.

Слава

В своём отечестве пророка нет = Нет пророка в своём отечестве — о верных мнениях, мыслях, которые часто не признаются близкими людьми.

Бил Гейтс — Уильям Генри Гейтс III (р. 1955) — американский предприниматель, один из создателей компании Microsoft.

С ума сойти — потерять рассудок, стать сумасшедшим.

«Чайник» *здесь*: начинающий что-либо изучать.

Экстрасенс

С ума сойти — потерять рассудок, стать сумасшедшим.

Годзилла — гигантский монстр, персонаж мультфильмов и кинофильмов.

«Собака Баскервилей»

«Собака Баскервилей» — детективная повесть английского писателя Конан Дойля.

Конан Дойл — Дойл Артур Конан (1859–1930) — английский писатель.

Дог — порода собак.

Взять его! — команда при дрессировке собак.

Фас! — команда при дрессировке собак.

Боевик — приключенческий фильм.

Жюль Верн (1828–1905) — французский писатель, один из создателей жанра научной фантастики.

«Вокруг света за 80 дней» — роман Жюль Верна.

Задания

Человек нового типа
Проверьте, как вы поняли текст

Ответьте на вопросы.

1. Чем друзья Лёха и Женька отличались друг от друга?
2. Почему Женька предложил Лёхе заниматься по новой системе?
3. Что это была за система?
4. Как Лёха отвечал параграф по истории?
5. Почему на уроке истории весь класс смеялся?
6. Почему Лёха не смог больше заниматься по новой системе?

Отметьте предложения, где написана правда → П, а где написана неправда → Н.

1. ☐ Лёха был троечником по всем предметам.
2. ☐ Женька решил помочь другу стать отличником.
3. ☐ Лёха ничуть не сомневался, что станет человеком нового типа.

Найдите в тексте.

1. Лёха учит уроки по новой системе.
2 Лёха отвечает урок по истории.

Выполните тест.

Выберите правильный вариант ответа к каждому из заданий и отметьте его в рабочей матрице. Проверьте себя по контрольной матрице. (Ответы смотрите в конце книги.)

Образец:

| 1 | А | **Б** | В |

1. Папа заставил Лёху много заниматься, после посещения … .
   (А) родительского собрания
   (Б) урока истории
   (В) урока физкультуры

2. Делать уроки по новой системе предложил … .
   (А) папа Лёхи
   (Б) Женька
   (В) Ф.Ф. Ушаков

3. На уроке истории Нина Петровна … .
   (А) старалась помочь Лёхе вспомнить урок
   (Б) мешала Лёхе вспоминать урок
   (В) не старалась помочь Лёхе вспомнить урок

4. Фамилия адмирала была похожа на … .
   (А) глаза
   (Б) руки
   (В) уши

5. Лёха не стал человеком нового типа, потому что … .
   (А) поссорился с Женькой
   (Б) не захотел заниматься по новой методике
   (В) его папа стал ежедневно проверять, как он сделал домашнее задание

Рабочая матрица

1	А	Б	В
2	А	Б	В
3	А	Б	В
4	А	Б	В
5	А	Б	В

Лексико-грамматические задания

1. Выберите правильный вариант употребления падежной формы, неправильный вариант зачеркните.

Образец: **В журнале** / ~~В журнал~~ так и написано.

1. Вот, тут говорится, что ты сейчас занимаешься **ерунда** / **ерундой**.

2. Как же я уроки быстрее сделаю, когда **домашние задания** / **домашних заданий** так много?

3. Когда **на уроке истории** / **на урок истории** он услышал свою фамилию, то по старой привычке занервничал.

4. Теперь он и сам вспомнил, что фамилия этого адмирала была похожа **на слово** / **со словом** уши.

5. По дороге домой Женька успокаивал **другу** / **друга**.

6. С **этим днём** / **этого дня** Лёха впервые почувствовал, что наука работает на его благо.

2. Выберите глагол несовершенного или совершенного вида, неправильный вариант зачеркните.

Образец: Женька **учился** / ~~выучился~~ только на пятёрки.

1. Честно говоря, вначале Лёха думал, что родители **ругают** / **поругают** его немного после родительского собрания и на этом всё закончится.

2. Лёха широко открыл глаза и стал **смотреть / посмотреть** на страницу учебника.

3. Когда на уроке истории он **слышал / услышал** свою фамилию, то по старой привычке занервничал, но Женька ободряюще посмотрел на него, и Лёха успокоился.

4. Лёха быстро **называл / назвал** первую фамилию, которая безо всяких усилий всплыла в его памяти.

5. Теперь каждый день после работы папа не только **спрашивал / спросил**: «Уроки выучил?», а проверял, как он их выучил.

3. Выберите правильный вариант употребления глаголов движения с приставками, неправильный вариант зачеркните.

Образец: В первый день Лёхиных занятий к нему **забежал / ~~отбежал~~** Женька.

1. Но папа сказал, что теперь он будет **выходить / заходить** на улицу только после того, как выучит все уроки, и Лёха занимался до позднего вечера.

2. Иногда он **подходил / приходил** к зеркалу и проверял, не показались ли признаки истощения на его лице.

3. Он медленно **вышел / отошёл** из-за парты и очень медленно **пришёл / пошёл** к доске, чтобы вспомнить домашнее задание, но, к своему ужасу, понял, что ничего в его голове не всплывает.

4. Выберите правильный вариант употребления союза, союзного слова, неправильный вариант зачеркните.

Образец: Тот с такой силой бил себя по ушам, как будто хотел, **~~что~~ / чтобы** они совсем отпали.

1. Вот **если бы / так как** ты быстрее уроки делал, то и учился бы лучше.

2. **Когда / Если** на уроке истории он услышал свою фамилию, то по старой привычке занервничал, но Женька ободряюще посмотрел на него, и Лёха успокоился.

3. Он медленно вышел из-за парты и очень медленно пошёл к доске, чтобы вспомнить домашнее задание, но, к своему ужасу, понял, **чтобы / что** ничего в его голове не всплывает.

4. Когда Лёха понял, что ждать ему придётся слишком долго, **если / пока** всё всплывёт в памяти, он мысленно стал говорить: «Это критический момент. Момент критический».

5. Он ещё давно хотел ему для наглядности уши пририсовать, но не успел, **так как / потому что** времени на то, чтобы заниматься долго уроками, у него не было.

5. Заполните пропуски в тексте. Выберите нужное слово.

Когда на уроке истории Лёха ... свою фамилию, то по старой привычке ... , но Женька ободряюще ... на него, и Лёха ... . Он медленно вышел из-за парты и очень медленно пошёл к доске, чтобы ... домашнее задание, но, к своему ужасу, понял, что ничего в его голове не всплывает.

Слова для справок: вспомнить, услышать, посмотреть, занервничать, успокоиться.

6. Опишите героев рассказа, используя слова для справок.

Лёха — ...

Женька — ...

Слова для справок: отличник, троечник, маленький, худой, крепкий, высокий, сообразительный, тугодум.

7. Выберите правильный вариант употребления предлогов, неправильный вариант зачеркните. Используйте слова для справок.

1. Наконец, ... шестой день, когда Лёха начал думать, что неприятности могут испортить жизнь даже очень сильному человеку, Женька появился.
2. Сам-то он уроки ... полчаса делал и учился только на пятёрочки.
3. ... месяц ты отличником будешь.
4. ... этого дня Лёха впервые почувствовал, что наука работает на его благо.

Слова для справок: за, через, с, на.

8. Подберите синонимы к словам.

Образец: всегда = постоянно, всё время

Сразу = ...   Папа = ...
Немного = ...   Обыкновенный = ...
Кино = ...   Высокий = ...

Слова для справок: обычный, длинный, немедленно, чуть-чуть, отец, фильм.

9. Подберите антонимы к словам.

Образец: Вред ≠ польза

Ругать ≠ ...
Вспоминать ≠ ...
Молчать ≠ ...

Слова для справок: забывать, говорить, хвалить.

10. Подберите и запишите однокоренные слова.

Образец: Ужас — ужасный

Чтение — ...   Вред — ...
Ответ — ...   Обучение — ...

11. Составьте текст из следующих фраз.

Лёха и сам с удовольствием ответил бы, если бы он знал, что ответить.
Лёха с благодарностью посмотрел на друга.
Урок не вспоминался.
А чего там показывать?
Тот жестами показывал: давай, давай.

12. Прочитайте план текста и продолжите его. Перескажите рассказ по плану.

1. Троечника Лёху родители заставили делать уроки ежедневно и подолгу.
2. Друг Лёхи, отличник Женька, предложил Лёхе сделать их него человека нового типа.
3. Для того чтобы стать человеком нового типа «Ультра Рапид», надо было заниматься по определённой системе.
4. ...
5. ...
6. ...

13. Расскажите эту историю от лица Женьки, друга Лёхи.

14. Давайте обсудим.

1. Как вы думаете, был ли шанс у Лёхи стать человеком нового типа?
2. Что бы вы посоветовали детям, которые не хотят делать домашнее задание, но хотят получать пятёрки?
3. Расскажите, как вы относитесь к выполнению домашнего задания, сколько времени тратите, как делаете уроки.
4. Как вы относитесь к новым методикам, позволяющим запоминать, усваивать больше информации?

Слава

Проверьте, как вы поняли текст

Ответьте на вопросы.

1. Почему Женьке непременно захотелось прославиться?
2. Как он пытался обратить на себя внимание Лены Синициной?
3. Как ему в голову пришла идея стать компьютерным гением?
4. Как Женька объяснил ребятам, что ему нельзя рассказывать о себе учителю информатики?
5. Почему Женька советовал ребятам почитать литературу для «чайников»?
6. Зачем Женька обратил внимание одноклассников на приехавшую в их школу телевизионную группу?
7. Как дети узнали, что Женька всех обманул?
8. Какие прозвища придумали Женьке одноклассники?

Отметьте предложения, где написана правда → П, а где написана неправда → Н.

1. ☐ Женьке нравилась Лена Синицына.
2. ☐ Лене Синициной нравился Вадик Груздев.
3. ☐ Женька решил прославиться и стал писать компьютерные программы.
4. ☐ Одноклассники дали Женьке прозвище компьютерного гения.

Найдите в тексте.

1. Как Женька ищет способ добиться славы.
2. Как у Женьки брали интервью.
3. Как Женькиной славе пришёл конец.

Выполните тест.
Выберите правильный вариант ответа к каждому из заданий и отметьте его в рабочей матрице. Проверьте себя по контрольной матрице. (Ответы смотрите в конце книги.)

Образец:

| 1 | А | Б | В |

1. Женька старался привлечь внимание Ленки Синициной: он ... .
   (А) занялся музыкой
   (Б) стукал её книжкой
   (В) дёргал девочку за косу
2. Женька понял, что у него есть соперник, потому что ... .
   (А) Лена часто говорила о другом мальчике Вадике
   (Б) Вадика часто показывали по телевизору
   (В) о Вадике говорили его одноклассники
3. Чтобы понравиться Синицыной, Женька решил ... .
   (А) попасть на телевидение
   (Б) стать секретным агентом
   (В) прославиться
4. Все поверили, что Женька автор научной статьи в журнале, потому что ... .
   (А) статья была подписана фамилией и именем Женьки
   (Б) Женька был знатоком компьютерной техники
   (В) Женька давно собирался написать статью в журнал
5. Новый программист не отвечал ребятам на вопросы, а советовал почитать литературу для «чайников», потому что ... .
   (А) был очень занят
   (Б) не знал, что отвечать
   (В) не хотел рассекречивать себя

6. Слава Женьку … .
   (А) раздражала
   (Б) радовала
   (В) расстраивала

7. Узнав, что Женька всё придумал, дети стали … .
   (А) подсмеиваться над ним
   (Б) бить его
   (В) смотреть на него как на пустое место

8. Женька решил, что раскрывшийся секрет об авторстве статьи в журнале — это … .
   (А) всего лишь чёрная полоса в его жизни
   (Б) момент его триумфа
   (В) удар ниже пояса

Рабочая матрица

1	А	Б	В
2	А	Б	В
3	А	Б	В
4	А	Б	В
5	А	Б	В
6	А	Б	В
7	А	Б	В
8	А	Б	В

Лексико-грамматические задания

1. Выберите правильный вариант употребления падежной формы, неправильный вариант зачеркните.

   Образец: Женька быстро пролистывал буклеты, отбрасывая в сторону всё, где не было **картинок / картинки**.

   1. **За обедом / За обед** Женька включил радио.
   2. Все подсмеивались **над ним / о нём**.

3. Зато он понял, почему знаменитости не любят **журналисты / журналистов**.

4. Женька так ясно увидел эту сцену, будто это уже случилось, но когда он попытался придумать хотя бы один способ, как добиться **славу / славы**, он ничего не смог придумать.

5. Я **со славой / за славой** не гонюсь.

2. Выберите глагол несовершенного или совершенного вида, неправильный вариант зачеркните.

Образец: Про меня вообще никому **говорить / ~~сказать~~** нельзя, потому что за мной охотятся.

1. Женька стал внимательно **читать / прочитать** статью, но, ничего не поняв, решил, что это совсем неважно.

2. В последние дни Лена Синицына, которая **нравилась / понравилась** ему уже целый месяц, смотрела на него как на пустое место.

3. На перемене Женька **объявлял / объявил**, что хочет быть опрошенным, но журналистка не оценила его желания рассказать обществу своё мнение.

4. Мой друг занимается той же самой проблемой и тоже **пишет / напишет** статьи.

5. Женька даже не успел рта **раскрывать / раскрыть**, как Синицына сказала, что он выпендривается.

3. Выберите правильный вариант употребления глаголов движения с приставками, неправильный вариант зачеркните.

Образец: На следующий день Женька **пришёл / ~~подошёл~~** в школу и с умным видом уселся на своё место.

1. За сорок пять минут Женька успел забыть о том, что его «выжидают» журналисты, и спокойно **вышел / вошёл** из школы вместе с остальными.

2. Женька работал над этой нелёгкой задачей, и однажды он увидел много рекламных проспектов и журналов, которые они с папой **принесли / снесли** с выставки компьютерной техники.

3. На большой перемене, когда все **побежали / вбежали** из класса в буфет, Женька достал компьютерный журнал и стал внимательно смотреть на ту страницу, где была подпись.

4. В это время к ним **подошла / отошла** Майка, которую справедливо считали местным бюро новостей.

5. Все, кто на этот момент не успел **побежать / убежать** в буфет, сразу начали изучать подпись под статьёй, потому что из всей статьи это было самое понятное место.

4. Выберите правильный вариант употребления союза, союзного слова, неправильный вариант зачеркните.

Образец: После этих слов Женька понял, **что / чтобы** у него есть соперник.

1. «И дома покоя нет», — мрачно подумал Женька, выключил радио и тут из окна увидел, **когда / как** Синицына гордо прошла в музыкальную школу.

2. «Посмотрим, что Синицына скажет, **когда / потому что** узнает, что я компьютерный гений», — радостно думал он.

3. Он глубоко вздохнул, **что / чтобы** обратить на себя внимание, но Ленка не обернулась.

4. Все, кто на этот момент не успел убежать в буфет, сразу начали изучать подпись под статьёй, **поэтому / потому что** из всей статьи это было самое понятное место.

5. Женька делал важный вид, говорил, **что / чтобы** он занят, и советовал почитать литературу для «чайников», но понимал, что долго так не продержится.

5. Замените прямую речь косвенной. Запишите свой вариант.

Образец: «Дурак ты, Москвичёв», — сказала Женьке Синицына. — Синицына сказала Женьке, что он дурак.

1. «Ребята! Тащите Москвичёва к камере», — сказала Майка.
2. «А кто за тобой охотится?» — заинтересовалась Майка.
3. «Я за деньги не продаюсь», — гордо ответил Женька.

6. Подберите синонимы к словам.

Образец: Нелёгкий = трудный

Огромный = ...
Сразу = ...
Больной = ...
Толстый = ...

Слова для справок: полный, большой, немедленно, нездоровый.

7. Подберите антонимы к словам.

Образец: Чёрный ≠ белый

Первый ≠ ...
Толстый ≠ ...
Умный ≠ ...
Больной ≠ ...
Крупный ≠ ...
Яркий ≠ ...

Слова для справок: здоровый, последний, мелкий, блёклый, глупый, худой.

8. Подберите и запишите однокоренные слова.

Образец: Почувствовать — чувства, чувствительный

Прославиться — ...
Заинтересоваться — ...
Охотиться — ...
Рассекретить — ...

9. Дайте определения словам. О каких людях так говорят? Придумайте и запишите свои примеры употребления этих слов.

Образец: Чайник — новичок в каком-либо деле.

Тугодум — ...   Вундеркинд — ...
Болтун — ...   Знаток — ...

10. Вспомните и объясните фразеологизмы со словом *слава*. Придумайте свои примеры употребления данных фразеологизмов.

Греться в лучах славы. —
Гоняться за славой. —

11. Прочитайте план текста и продолжите его. Перескажите рассказ по плану.

1. Женьке Москвичёву нравилась одноклассница Ленка Синицына, но девочка не обращала на него внимания.
2. Однажды Женька понял, что у него есть соперник — Вадик Груздев.
3. Женька решил прославиться.
4. ...
5. ...
6. ...

12. Расскажите эту историю от лица Лены Синицыной; учителя информатики Николая Александровича.

13. Давайте обсудим.

1. Как бы вы оценили действия Женьки Москвичёва? Осуждаете ли вы его за обман со статьёй?
2. Если бы вы были другом Женьки Москвичёва, что бы вы посоветовали ему, как привлечь внимание понравившейся девочки?
3. Как, на ваш взгляд, люди стараются привлечь внимание противоположного пола?
4. Что, по-вашему, даёт человеку слава?

Экстрасенс

Проверьте, как вы поняли текст

Ответьте на вопросы.

1. Как у Женьки появилась идея кодирования одноклассников?
2. Какую плату брал Женька за свой дар?
3. Зачем Женька обратился к одиннадцатикласснику Конану?
4. Почему, на ваш взгляд, Женька не кодировал девочек и драчунов?
5. Как кодирование отразилось на учёбе одноклассников?
6. Почему на второй неделе работа целителя закончилась?
7. Как Лёха старался успокоить друга?
8. Почему Женька расстроился из-за того, что больше не сможет быть экстрасенсом?

Отметьте предложения, где написана правда → П , а где написана неправда → Н .

1. ☐ У Женьки были необыкновенные способности экстрасенса.
2. ☐ Закодированные делали уроки, потому что боялись сильного кулака Конана.
3. ☐ Однажды Конан и сам обратился за помощью к Женьке.
4. ☐ Обманутые одноклассники побили Женьку.

Найдите в тексте.

1. Реакция класса на четвёрку Шмыгунова.
2. Как Лёха успокаивал расстроенного Женьку.

Выполните тест.

Выберите правильный вариант ответа к каждому из заданий и отметьте его в рабочей матрице. Проверьте себя по контрольной матрице. (Ответы смотрите в конце книги.)

Образец:

| 1 | А | Б | В |

1. Из газет Женька узнал … .
   - (А) о рекламе
   - (Б) об экстрасенсах
   - (В) о разных чудаках

2. Лёшка захотел, чтобы его закодировали … .
   - (А) от двойки по контрольной
   - (Б) на успех в деньгах
   - (В) на удачу

3. Женька рассказал Майке о своих необычных способностях, чтобы … .
   - (А) похвастаться перед ней
   - (Б) понравиться девочке
   - (В) девочка рассказала об этом всему классу

4. Для успешной работы экстрасенса требовались ... .
   - (А) пиво и сигареты
   - (Б) шоколадки
   - (В) две шоколадки и банка пива

5. Женька обратился за помощью к Конану, чтобы тот ... .
   - (А) побил двоечников
   - (Б) заставил двоечников сделать уроки
   - (В) закодировал двоечников

6. Двоечник Шмыгунов стал героем дня, потому что ... .
   - (А) опять не сделал домашнее задание
   - (Б) ему пришлось объясняться с Конаном
   - (В) получил четвёрку за выученный урок

7. О том, что Женька использует его славу, силач Конан ... .
   - (А) однажды понял
   - (Б) не догадался
   - (В) так и не узнал

8. Лёха считал, что всё закончилось хорошо, потому что ... .
   - (А) им дали шоколад и пиво
   - (Б) их не побили
   - (В) они получили хорошие оценки

Рабочая матрица

1	А	Б	В
2	А	Б	В
3	А	Б	В
4	А	Б	В
5	А	Б	В
6	А	Б	В
7	А	Б	В
8	А	Б	В

Лексико-грамматические задания

1. Выберите правильный вариант употребления падежной формы, неправильный вариант зачеркните.

Образец: Ну, Шмыгунов, ты ~~мне~~ / **меня** сегодня удивил.

1. Майка училась с ними с одном классе и была **настоящую энциклопедию** / **настоящей энциклопедией** «Всё обо всех».

2. Майка уже не сомневалась **с правдивостью** / **в правдивости** Женькиных слов.

3. Класс проявил заботу **об успеваемости** / **для успеваемости** Шмыгунова.

4. Во время **запись** / **записи** Женька с важным видом делал движения руками и только после этого говорил Лёхе, чтобы он записал счастливчика в список на кодирование.

5. Вернувшись домой, Шмыгунов бросил портфель, схватил бутерброд и, как обычно, собрался **на улице** / **на улицу**, как вдруг его остановил телефонный звонок.

2. Выберите глагол несовершенного или совершенного вида, неправильный вариант зачеркните.

Образец: Только ты об этом не рассказывай ребятам, а то начнут **просить** / ~~попросить~~: закодируй да закодируй.

1. Пока медлительный Лёха одевался, Женька стал **читать** / **прочитать** газетные объявления.

2. Но ты же знаешь, я никогда уроков не **делал** / **сделал**.

3. Экстрасенсы, как йоги, вообще ничего не **пьют** / **выпьют**.

4. Наконец из дверей здания стали **выйти** / **выходить** ученики одиннадцатого класса.

5. Не успел Шмыгунов **понимать** / **понять**, что бы это значило, как к нему подошёл Женька и произнёс: «Понял? Ты теперь закодированный. Иди домой и учи уроки».

6. Вернувшись домой, Шмыгунов бросил портфель, схватил бутерброд и, как обычно, собрался на улицу, как вдруг его **останавливал** / **остановил** телефонный звонок.

3. Выберите правильный вариант употребления глаголов движения с приставками, неправильный вариант зачеркните.

Образец: Какой дурак к нам кодироваться **пойдёт** / ~~дойдёт~~?

1. Пообедав и быстро выучив уроки, Женька **вбежал** / **забежал** за Лёхой, но тот был ещё не готов.

2. **Вбежав** / **Выбежав** из подъезда, ребята увидели Майку Свиридову, которая гуляла со своим младшим братишкой.

3. После уроков все **разошлись** / **пришли** по домам.

4. Только начинающий целитель и его верный секретарь не спешили **уйти** / **прийти** со школьного двора.

5. Наконец из дверей здания стали **выходить** / **заходить** ученики одиннадцатого класса.

6. Не успел Шмыгунов понять, что бы это значило, как к нему **дошёл** / **подошёл** Женька и произнёс: «Понял? Ты теперь закодированный. Иди домой и учи уроки».

7. Шмыгунов посмотрел на класс, точно приговорённый к казни, поднялся и медленно **пошёл** / **вошёл** к доске.

8. Женька **убежал** / **подбежал** к старшекласснику и протянул банку пива: «Конан, это тебе».

4. Выберите правильный вариант употребления союза, союзного слова, неправильный вариант зачеркните.

Образец: Худой Шмыгунов с завистью поглядел на мускулистого Петухова и решил начать ходить в спортзал, ~~потому что~~ / **чтобы** тоже накачать ауру.

1. Как же ты станешь кодировать, **поэтому** / **если** ты этому нигде не учился?
2. Так и знал, **что** / **чтобы** это станет известно.
3. Шла вторая неделя Женькиной работы целителем, **когда** / **так как** в толпе началось необычное оживление.
4. Во время записи Женька с важным видом делал движения руками и только после этого говорил Лёхе, **что** / **чтобы** он записал счастливчика в список на кодирование.
5. Женька прошёл к парте и сделал вид, **что** / **чтобы** не замечает провожающих его любопытных взглядов.

5. Замените прямую речь косвенной. Запишите свой вариант.

Образец: «Меня в академии проверяли», — сказал Женька. — Женька сказал, что его в академии проверяли.

1. «Не ври», — сказала Майка.
2. «Кто тебе рассказал?» — выспрашивал Женька.
3. Женька многозначительно пожал плечами и попросил: «Только ты об этом не рассказывай ребятам».

6. Подберите синонимы к словам.

Образец: Замечательный = прекрасный

Ужас = ...   Целитель = ...
Сейчас = ...   Потом = ...
Ребята = ...

Слова для справок: страх, позже, дети, теперь, врач.

7. Подберите антонимы к словам.

Образец: Быстрый ≠ медленный

Младший ≠ ... Громадный ≠ ...
Твёрдый ≠ ... Первый ≠ ...
Сильный ≠ ...

Слова для справок: слабый, маленький, последний, мягкий, старший.

8. Подберите и запишите однокоренные слова.

Образец: Реклама — рекламировать

План — ...
Ученик — ...
Ловушка — ...

9. Прочитайте план текста и продолжите его. Перескажите рассказ по плану.

1. Однажды Женька решил стать экстрасенсом: кодировать одноклассников от двоек.
2. С помощью одноклассницы Майки информация о необыкновенных способностях Женьки распространилась по всему классу.
3. Первым одноклассником, которого закодировал Женька, был двоечник Шмыгунов.
4. ...
5. ...
6. ...

10. Расскажите эту историю от лица Майки Свиридовой; от лица Конана.

11. Давайте обсудим.

1. Как вы оцениваете идею Женьки кодирования одноклассников от двоек?

2. Какой положительный момент был в задумке Женьки?

3. Как долго, на ваш взгляд, могла бы продолжаться подобная история?

4. Какие варианты окончания этой истории вы можете предложить?

«Собака Баскервилей»

Проверьте, как вы поняли текст

Ответьте на вопросы.

1. Какое несчастье случилось с Лёхой?
2. Как Женька старался помочь другу?
3. Почему Женька хотел, чтобы Светлана Викторовна освободила Лёху от занятий?
4. Зачем мальчикам понадобилась собака?
5. Зачем Женька принёс рыбу?
6. Какие эксперименты ставили мальчики?
7. Чем закончились эксперименты, которые ставили Лёха и Женька?
8. Как мама наказала Лёху?

Отметьте предложения, где написана правда → П, а где написана неправда → Н.

1. ☐ Лёха давно мечтал о дополнительных занятиях по математике.

2. ☐ У Женьки было много идей, как напугать учительницу.

3. ☐ Для достижения свей цели друзья ставили научные эксперименты.

Найдите в тексте.

1. Женька приручает Графа.
2. Женька и Лёха получают фосфор.

Выполните тест.

Выберите правильный вариант ответа к каждому из заданий и отметьте его в рабочей матрице. Проверьте себя по контрольной матрице. (Ответы смотрите в конце книги.)

Образец:

| 1 | А | Б | В |

1. Самой большой неудачей в жизни Лёхи ... .
   (А) стал переезд учительницы математики в их дом
   (Б) стала дружба его мамы с учительницей математики
   (В) стало желание учительницы математики заниматься с ним во время летних каникул

2. Все варианты запугивания учительницы Женька ... .
   (А) придумал сам
   (Б) взял из книг
   (В) видел в кино

3. Лёха не хотел пугать учительницу собакой, потому что ... .
   (А) очень любил собак
   (Б) жалел собак
   (В) боялся собак

4. После неудачного эксперимента с выпариванием фосфора Лёха ... .
   (А) долго не выходил на улицу
   (Б) начал делать ремонт в квартире учительницы
   (В) решил посмотреть по телевизору боевик

5. Действие рассказа происходит ... .
   (А) летом
   (Б) осенью
   (В) зимой

Рабочая матрица

1	А	Б	В
2	А	Б	В
3	А	Б	В
4	А	Б	В
5	А	Б	В

Лексико-грамматические задания

1. Выберите правильный вариант употребления падежной формы, неправильный вариант зачеркните.

Образец: Через два дня Женька с видом победителя вышел ~~в дом~~ / **из дома**, ведя на поводке Графа.

1. Мама подружилась **про Светлану Викторовну** / **со Светланой Викторовной**.

2. По-настоящему благородный человек сам **себя** / **себе** хвалить не станет.

3. По вечерам они пили чай, и однажды учительница предложила позаниматься с Лёхой **в математике** / **по математике**.

4. Женька достал с полки томик Конан Дойля и, найдя нужное место, начал читать **страшным голосом** / **страшный голос**.

5. Да ладно, я **её** / **она** уже простил.

2. Выберите глагол несовершенного или совершенного вида, неправильный вариант зачеркните.

Образец: Женька протянул Графу рыбу, тот понюхал, фыркнул и ~~отворачивался~~ / **отвернулся**.

1. Это была собака огромная и чёрная. Но такой собаки ещё никто из нас не **видел** / **увидел**.

2. По вечерам они **пили** / **выпили** чай, и однажды учительница **предлагала** / **предложила** позаниматься с Лёхой по математике.

3. Женька продолжал **читать** / **прочитать**, а Лёха всё больше сомневался в том, что собака Баскервилей — это именно то, чего ему в жизни нужно.

4. От такой собаки Светлана, может, вообще из нашего дома с радостью **убегает** / **убежит**.

5. Ладно, не **сердись** / **рассердись**. Я же как лучше хочу.

6. По-настоящему благородный человек сам себя **хвалить** / **похвалить** не станет.

7. Но постепенно Лёха начал **привыкать** / **привыкнуть**.

3. Выберите правильный вариант употребления глаголов движения с приставками, неправильный вариант зачеркните.

Образец: А нам и не надо, чтобы она ~~**отъезжала**~~ / **уезжала**!

1. С тех пор как его в детстве покусала собака, он старался **обходить** / **уходить** четвероногих друзей стороной.

2. Лёха подумал, что от такой собаки он бы и сам с радостью **убежал** / **прибежал**.

3. Собака — это как раз то, что нужно! — воскликнул он и **забежал** / **подбежал** к книжной полке.

4. Увидев это, кот громко заорал, спрыгнул с дерева и **побежал** / **добежал** в подвал.

5. Полотенцами они **выгнали** / **пригнали** дым из кухни, и только тогда Женька вспомнил про фосфор.

6. Лёха **зашёл** / **вышел** во двор и сразу встретил Женьку.

4. Выберите правильный вариант употребления союза, союзного слова, неправильный вариант зачеркните.

Образец: Лёха подумал, **что / ~~чтобы~~** от такой собаки он бы и сам с радостью убежал.

1. Светлана Викторовна, учительница по математике, переехала жить в дом, **когда / где** жил Лёха.
2. Светлана ещё прощения просить будет, **что / чтобы** к тебе с задачками приставала, когда ты её от собаки спасёшь.
3. Когда Лёха представил, **как / какой** он спасает Светлану Викторовну от собаки Баскервилей, благородство сменилось у него скромностью.
4. Быть благородным Лёхе было бы намного легче, **если бы / потому что** не собака.

5. Подберите синонимы к словам.

Образец: Опять = снова, ещё раз

Рядом = ...
Назад = ...
Четвероногие друзья = ...
Страшный = ...
Огромный = ...

Слова для справок: животные, ужасный, большой, обратно, близко.

6. Подберите антонимы к словам.

Образец: Чёрный ≠ белый

Поднять ≠ ...   Крупный ≠ ...
Вспоминать ≠ ...   Толстый ≠ ...
Сытый ≠ ...   Обрадоваться ≠ ...

Слова для справок: опустить, огорчаться, забывать, мелкий, тонкий, голодный.

7. Подберите и запишите однокоренные слова.

Образец: Светиться — свет, светлый, светло

Подружиться — ...
Освободить — ...
Благодарить — ...
Выпаривать — ...

8. Прочитайте план текста и продолжите его. Перескажите рассказ по плану.

1. Учительница математики стала соседкой Лёхи, подружилась с мамой мальчика и стала с ним заниматься в летние каникулы дополнительно.
2. Женька старался помочь Лёхе, придумывал самые невероятные способы, чтобы учительница освободила Лёху от занятий.
3. Первый способ был — напугать учительницу собакой.
4. ...
5. ...
6. ...

9. Давайте обсудим.

1. Если бы вы были лучшим другом Лёхи, как бы вы помогли ему в данной ситуации?
2. Оцените старания Женьки. Хороший ли он друг? Объясните свою точку зрения.
3. Что бы вы стали делать, если бы вас заставили летом дополнительно заниматься по разным предметам?
4. Как по-вашему, какого человека можно назвать настоящим другом?
5. Есть такая пословица «Друг познаётся в беде». Как вы её понимаете?

Контрольные матрицы

Человек нового типа

1	**А**	Б	В
2	А	**Б**	В
3	**А**	Б	В
4	А	Б	**В**
5	А	Б	**В**

Слава

1	А	Б	**В**
2	**А**	Б	В
3	А	Б	**В**
4	**А**	Б	В
5	А	**Б**	В
6	А	**Б**	В
7	**А**	Б	В
8	**А**	Б	В

Экстрасенс

1	А	**Б**	В
2	А	**Б**	В
3	А	Б	**В**
4	А	Б	**В**
5	А	**Б**	В
6	А	Б	**В**
7	**А**	Б	В
8	А	**Б**	В

«Собака Баскервилей»

1	А	Б	**В**
2	А	**Б**	В
3	А	Б	**В**
4	**А**	Б	В
5	**А**	Б	В

Учебное издание

Крюкова Тамара

ЧЕЛОВЕК НОВОГО ТИПА

Книга для чтения с заданиями
для изучающих русский язык как иностранный

Редактор: *Н.А. Еремина*
Корректор: *О.Ч. Кохановская*
Вёрстка: *Е.П. Бреславская*

Подписано в печать 02.11.2015. Формат 60×90/16
Объем 5 п.л. Тираж 1000 экз. Зак. 522

Издательство ООО «Русский язык». Курсы
125047, Москва, 1-я Тверская-Ямская ул., д. 18
Тел./факс: +7(499) 251-08-45, тел.: +7(499) 250-48-68
e-mail: russky_yazyk@mail.ru; rkursy@gmail.com; ruskursy@gmail.com; ruskursy@mail.ru
www.rus-lang.ru

Отпечатано с готового оригинал-макета издательства
в типографии ФГБНУ «Росинформагротех»
141261, пос. Правдинский Московской обл., ул. Лесная, д. 60
Тел.: (495) 933-44-04